10
MANDAMIENTOS
DEL TRADER

ALEJANDRO MUTTACH

"Si alguna vez observas que no me está yendo bien, no te preocupes, es solo un pullback. En el gráfico de mi vida siempre estoy en tendencia alcista."

Alejandro Muttach

TABLA DE CONTENIDO

PRIMER
MANDAMIENTO:

*Respetarás tu "Stop Loss" sobre
todas las cosas*

Definición y propósito del Stop Loss:

El Stop Loss es un nivel específico de precio en el cual tu pérdida se detiene automáticamente, siendo técnicamente una orden que predeterminas con tu bróker para vender un activo cuando este alcanza un precio en concreto. Su finalidad principal es la de limitar la pérdida potencial en una operación, funcionando como una red de seguridad para los fondos de tu cuenta.

Introducción al mandamiento

Es curioso como en el mundo del trading el Stop Loss a menudo es visto con cierto temor o incluso rechazo, cuando en realidad es una herramienta salvadora de capital. Esta percepción negativa quizás se deba a su denominación, "Stop Loss", que literalmente se traduce como "detener pérdida". Podríamos iniciar una campaña para renombrarlo, sugiriendo algo más amigable como "Account Savior", así lo traduciríamos como "Salvador de cuentas". Quizás con un nombre así, los traders le tomarían más cariño y lo verían como el aliado que verdaderamente es.

Este primer mandamiento puede parecer sencillo, casi elemental. Pero basándome en mi experiencia y en incontables auditorías a traders, puedo afirmar que el 95% de ellos falla en adherirse a este principio. Tengo varias teorias sobre esto, una de ellas yace en el ego humano. Aceptar el Stop Loss, en esencia, se puede percibir como la admisión a estar equivocado. Cuando el ego es excesivamente robusto o inflado, puede impulsar a una persona a aferrarse a sus propias opiniones o creencias, incluida la tendencia a defender sus convicciones incluso frente a evidencias contrarias.

Para ejecutar este primer mandamiento, necesitas apoyarte firmemente en dos virtudes esenciales: la humildad y la disciplina. Es un acto de humildad reconocer cuando uno se ha equivocado, admitir que somos apenas un pequeño jugador frente al vasto y poderoso mercado que, sin piedad, tiene el potencial de arrasarnos si no estamos resguardados. Por otro lado, solo una persona disciplinada es capaz de mantener un compromiso a largo plazo. Esta cualidad les permite mantenerse firme ante sus impulsos.

El Stop Loss no es una opción, es una obligación

En el ámbito psicológico, los seres humanos a menudo caen en la trampa de la 'psicología positiva excesiva', una tendencia a creer que a nosotros, personalmente, no nos sucederán eventos adversos. Esta mentalidad se refleja en muchos aspectos de la vida, desde no adquirir un seguro de accidentes por creer que nunca estaremos en uno, hasta no abrocharnos el cinturón de seguridad con la idea de que un choque es algo improbable. En muchos casos, necesitamos que una autoridad externa o una regulación nos obligue a tomar medidas de precaución. El trading no es ajeno a este fenómeno.

El uso del Stop Loss en el trading es un claro ejemplo de cómo esta psicología positiva puede afectar nuestras decisiones. Muchos traders, especialmente los novatos, a menudo evitan establecer un Stop Loss, convencidos de que su operación no resultará en una pérdida significativa o que serán capaces de manejar la situación manualmente. Esta mentalidad ignora un hecho crítico: el mercado es impredecible y, a menudo, cruelmente volátil.

El Stop Loss actúa como esa 'autoridad reguladora' necesaria en nuestras decisiones de trading. Es una medida preventiva esencial que nos protege de nuestra propia psicología positiva excesiva. Al establecer un Stop Loss, admitimos humildemente que no podemos predecir cada movimiento del mercado y que estamos preparados para limitar nuestras pérdidas antes de que se vuelvan desastrosas.

Psicología detrás de establecer un Stop Loss

El aspecto psicológico del Stop Loss radica en su capacidad para proporcionar tranquilidad al trader. Conocer el límite establecido para una posible pérdida ayuda a reducir el miedo y el estrés, permitiendo decisiones más objetivas y menos influidas por las emociones. Este mecanismo no solo salvaguarda los fondos, sino también el bienestar mental. Esta consideración cobra especial importancia cuando los fondos manejados son significativos o importantes a nivel personal. Por ello, siempre recomiendo invertir en la cuenta de trading una cantidad que sea lo suficientemente significativa como para ser tomada en serio.

Particularmente, soy plenamente consciente de la homeostasis psicológica que me brinda saber que existe un límite en mis pérdidas pase lo que pase, y por eso implemento herramientas extras en mis plataformas de trading que me permiten establecer un Stop Loss de emergencia. Profundizaré sobre esto más adelante cuando hable de los errores comunes.

Regularmente se dice que el trading es una actividad altamente riesgosa, pero personalmente discrepo de esa opinión. Tienes la libertad de escoger tu nivel de riesgo, calcularlo con una exactitud milimétrica y asegurarlo con el Stop Loss.

Errores comunes sobre el Stop Loss

La implementación no está exenta de errores comunes, especialmente entre los traders novatos. Lo sé por experiencia propia, ya que en mis inicios cometí muchos de estos errores. Algunos de los más frecuentes pueden ser:

No establecer un Stop Loss: El error más grande en el trading es no utilizar un Stop Loss. Esta omisión expone al trader a riesgos innecesarios y potencialmente catastróficos.

Ofrecer poco margen al mercado: A veces, por avaricia o miedo, se coloca el Stop Loss demasiado cerca del precio de entrada, no dejando suficiente margen para que la operación se desarrolle.

Mover el Stop Loss original: Modificar el Stop Loss inicial para "darle más margen" al trade es una reacción común cuando el mercado no actúa como se anticipaba. Este cambio suele estar motivado por la no aceptación a perder o estar equivocado.

Cálculo incorrecto del nivel de Stop Loss: Un cálculo erróneo del nivel de Stop Loss, que no corresponde al riesgo aceptable por operación, puede desestabilizar la gestión de riesgo de la cuenta. Utiliza herramientas como calculadoras en línea para determinar la posición exacta del Stop Loss puede evitar este error.

Establecer un valor incorrecto del Stop Loss: Al trabajar con activos con valores de varios decimales, es fácil cometer errores en el precio del Stop Loss. Verifica dos veces el nivel de precio y su correspondencia en el gráfico.

No utilizar un Stop Loss de emergencia: Implementar un Stop Loss de emergencia, que actúa como una red de seguridad general para la cuenta, es una medida prudente. Este actúa deteniendo todas las operaciones si se alcanza un drawdown específico, funcionando como un paracaídas de emergencia.

Stop Loss dinámicos vs. Fijos

Los Stop Loss dinámicos son cada vez más populares, y esto se debe a la automatización, con la implementación de softwares podemos tener herramientas como el "trailing stop". Estos se ajustan automáticamente con el movimiento del precio, protegiendo y asegurando ganancias al mover el "suelo" de seguridad hacia arriba. Esto significa que, con cada avance del mercado a tu favor, el Stop Loss sigue al precio, garantizando que si el mercado se revierte, no se trate de un Stop Loss, sino de lo que se conoce como un "Stop Profit". Esto es un cierre automático por el Stop Loss, pero en ganancia.

Otra manera valida de hacerlo dinámico es bajo tu propia acción, por ejemplo, moviendo manualmente el Stop Loss a "Break Even". Esto implica moverlo hasta el precio de entrada cuando el mercado ya ha recorrido cierta distancia a favor, y luego puedes seguir ajustándolo cuantas veces quieras haciendo la función de un "trailing stop" pero, bajo tu propio criterio o análisis.

Los Stop Loss fijos, por otro lado, permanecen estáticos, ofreciendo una seguridad constante basada en el análisis inicial. La decisión entre uno u otro depende de cuánto se desee bailar al ritmo de la volatilidad o formación del mercado.

Herramientas y plataformas para gestionar el Stop Loss

En la era digital, existe una amplia gama de herramientas y plataformas disponibles que facilitan a los traders la gestión de sus Stop Loss. Desde sofisticados softwares de trading que permiten hacerlo dinámico bajo tus especificaciones, hasta aplicaciones móviles que alertan sobre movimientos de precios mediante alarmas o notificaciones para tu moverlo manualmente, la tecnología ha democratizado el acceso a estrategias de gestión de riesgo que anteriormente eran costosas o exclusivas de los profesionales.

Para mantener mi responsabilidad editorial y asegurar la atemporalidad de este libro, no mencionaré nombres específicos de software o plataformas donde puedas acceder a estas herramientas. Sin embargo, te animo a investigar por tu cuenta. Descubrirás que existen seminarios y congresos dedicados a esta tecnología y miles de plataformas que te ofrecen acceso a ellas. Así podrás armar tu arsenal y estar protegido de manera efectiva y adecuada.

Aplicación del primer mandamiento
"Respetaras tu "Stop Loss" sobre todas las cosas"

Llevare a la práctica el primer mandamiento comprometiéndome a realizar las siguientes acciones:

- **Estableceré firmemente mi Stop Loss:** Definiré con precisión el nivel de Stop Loss y realizaré una verificación doble para garantizar su correcta configuración.

- **Ajustaré mi Stop Loss en base al análisis técnico:** Determinaré el nivel de mi Stop Loss de manera objetiva, utilizando factores técnicos tales como niveles de soporte y resistencia, así como patrones gráficos. Esto asegura que mi decisión esté fundamentada en un análisis racional y no en impulsos emocionales.

SEGUNDO MANDAMIENTO:

No tomarás ningún trade en vano

Introducción al mandamiento

Este segundo mandamiento representa una filosofía de respeto y consideración profunda hacia cada operación que realizamos en los mercados. Al abordar nuestra actividad de trading con la seriedad que merece, cada operación se convierte en algo sagrado.

La palabra "trade" puede traducirse como "negociación", y un buen negociante en el sentido mas amplio de la palabra se caracteriza por su ética, pensamiento estratégico, resiliencia y gestión del estrés. Por lo tanto, cada vez que realizo un trade, procuro encarnar esas virtudes y darle el respeto que merece.

Adicción a Operar

El fenómeno del Overtrading, también conocido como adicción a operar, es una cuestión compleja arraigada profundamente en la psicología y neurología humana. Este comportamiento tiene paralelismos con otras adicciones, como el juego o las apuestas deportivas, donde la emoción y la anticipación desencadenan potentes respuestas emocionales y químicas en el cerebro. Especialmente al obtener ganancias, el cerebro segrega dopamina, un neurotransmisor vinculado al placer y la recompensa. Esta liberación puede generar una sensación eufórica y, en algunos casos, los traders pueden volverse adictos a esta sensación, lo que los lleva a operar excesivamente (Overtrading) en busca de ese "subidón" nuevamente.

En el mundo de los juegos de azar, se ha observado que ciertos individuos continúan jugando a pesar de incurrir en pérdidas continuas. En estos casos, no es tanto el deseo de ganar lo que los motiva, sino más bien la excitación del juego mismo. Este patrón se refleja en el trading, donde algunos se sienten más atraídos por la emoción de operar que por los resultados financieros de sus acciones.

El primer paso para evitar el Overtrading es construir un lugar de trabajo. No estoy diciendo que necesites invertir en montones de pantallas, escritorio de primera línea o una silla ergonómica de última generación, pero sí es ideal crear lo que yo llamo un "trading room" un lugar adaptado para el análisis, que cuente con un ambiente ordenado, limpio y tranquilo.

Evaluación de condiciones de mercado

Hay días en los que al ingresas al mercado y este se muestra como un hermoso día soleado, claro y luminoso, con movimientos tan transparentes como el agua. Hay otros en los que, el panorama se asemeja a una tormenta que acaba de devastar una ciudad, y con un pronóstico de más complicaciones. En esos días, sería mejor idea no asomarse siquiera por las ventanas.

No fuerces el día ni la sesión en la cual decidiste operar. Antes de ejecutar cualquier operación, da un vistazo al entorno que el mercado te muestra. Si las cosas se ven complicadas, no están claras o te cuesta darle sentido al gráfico, simplemente aléjate y vuelve más tarde. Siempre digo que el trader sabio no es el que se expone al mercado, sino el que espera que el mercado se exponga a él.

En la evaluación de las condiciones del mercado, puedes incluir herramientas técnicas como indicadores: medias móviles, mapas de calor, osciladores, etc. También es útil emplear herramientas que te ayuden a evaluar el aspecto fundamental, como el calendario económico. Estas herramientas te permitirán tener una visión más completa, ayudándote a decidir cuándo es el momento apropiado para actuar y cuándo es mejor esperar.

Análisis técnico para la selección de trades

Siempre he mantenido una postura crítica respecto a aquellas estrategias repletas de indicadores que parecen un manual. Para mí, no tiene sentido abordar el trading de esa manera, ya que sería mucho más eficiente automatizar un enfoque tan lento y repetitivo. Por eso, defiendo la idea de que no todas las operaciones son iguales y las confirmaciones pueden surgir de distintas variables. Para no tomar ningún trade en vano, hay que tener muy claras las condiciones que este debe cumplir para que sea valido. En mi libro "La Alquimia del Análisis Técnico", explico de manera extensa y profunda todas mis bases técnicas para validar un trade, fundamentándome en mis principios de zonas de oferta y demanda, estructura de mercado y acción del precio. Bajo estos principios selecciono y sustento cada una de mis operaciones. Si tus factores técnicos no están lo suficientemente definidos, nunca sabrás con certeza si has tomado un trade en vano.

Importancia de la relación Riesgo/Beneficio

Un trade solo tiene sentido si el beneficio potencial determinado a nivel técnico, es igual o superior al riesgo que se está tomando. Una relación común es 1:2, lo que significa que por cada cantidad de dinero que arriesgas, esperas ganar el doble en beneficio. Según el estilo de trading que apliques, puedes optar por un enfoque con ratios de riesgo/beneficio amplios, que pueden llegar a ser de 1:10, lo cual es bastante generoso, o ratios de riesgo/beneficio más cortos, que varían desde 1:1 hasta un máximo de 1:3. Te preguntarás: ¿por qué escoger un ratio de 1:2 cuando podría apuntar a un 1:8? Cada elección conlleva sus consecuencias. Para obtener trades con un amplio ratio de riesgo/beneficio, necesitas entradas muy precisas, lo que implica ir a temporalidades menores o anticipar el mercado, y esto, en la mayoría de los casos, termina en un trade perdedor. Sin embargo, aquí es donde entra en juego la relación riesgo/beneficio: al buscar un ratio alto, perderás muchos trades por naturaleza, pero los pocos ganadores compensarán. Por ejemplo, si arriesgas el 1% en cada operación y pierdes los primeros cinco, estarás un 5% negativo, pero si en el siguiente logras ganar un 1:8, estarías compensando el 5% negativo más un 3% de beneficio neto. En este sentido, el promedio fue malo, acertando solo 1 de 6, pero tu balance estaría en positivo.

Por otro lado, en los trades con un riesgo/beneficio más corto, es mucho más sencillo acertar, ya que el recorrido necesario es más corto y, por lo tanto, hay menos variables o cambios de dirección que puedan afectar tu operación.

Sin embargo, tu promedio de acierto debe ser mas alto para que exista una rentabilidad.

Siempre animo a los traders a optimizar primero su promedio de acierto, manteniendo un ratio de riesgo/beneficio máximo de 1:2. Luego, una vez que tengas un buen porcentaje de acierto, puedes complicarte un poco más en lo técnico e intentar optimizar tus entradas para obtener un ratio más alto.

Uso de indicadores para confirmar entradas

Mi estilo de trading se distingue por el uso mínimo de indicadores, y en ocasiones, incluso prescindo de ellos. No obstante, creo que los indicadores, a diferencia del análisis chartista, que puede ser creativo y subjetivo, ofrecen confirmaciones mucho más objetivas. Esto se debe a que están basados en fórmulas matemáticas y generan resultados únicamente a partir de la información ya existente. Por lo tanto, en momentos en los que percibo sesgos en mi análisis chartista, recurro a las medias móviles o consulto el mapa de calor en busca de esas confirmaciones adicionales. Si veo señales que contradicen mi análisis inicial reconsidero el trade o espero nuevas confirmaciones.

A menudo queremos creer que tenemos la razón, ese sesgo nos lleva a enfocarnos solo en los aspectos que respaldan nuestra visión, ignorando aquellos que la contra-dicen. Esto puede hacer que nuestro análisis chartista sea subjetivo. Los indicadores actúan como comodines que nos ofrecen una última opinión imparcial. Lo mejor es que no son subjetivos, sino concretos en lo que indican, como un cruce de medias móviles en contra o un activo completamente debilitado en un mapa de calor. Muchos de esos trades que están en tela de juicio a nivel técnico, los resuelvo con el uso de uno de estos comodines llama-dos indicadores.

Aplicación del segundo mandamiento
"No tomaras ningún trade en vano"

Llevaré a la práctica el segundo mandamiento comprometiéndome a realizar las siguientes acciones:

- **Haré trading en el entorno adecuado:** Solo analizaré y ejecutaré operaciones desde un espacio que fomente la concentración y la claridad mental.

- **Sustentaré las operaciones en mi estrategia:** Cada trade que realice estará respaldado por mi estrategia y apoyado en análisis técnico sólido.

TERCER MANDAMIENTO:

*Honrarás tu operativa
registrándola*

Introducción al mandamiento

¿Cuántos operaciones no han muerto en tu memoria, en viejas cuentas ya eliminadas, en archivos desorganizados dentro de tu computadora, en algún screenshot olvidado dentro de tu galería de fotos ¿Sabes el poder de esa información para mejorarte? Este mandamiento te invita a tomar cada trade como una pieza para embarcarte en un viaje de auto-descubrimiento y mejora constante a través del mantenimiento de un diario de trading. Que mucho más que un simple registro de números y datos; es una crónica viva de tu viaje, registrando no solo los detalles técnicos de cada operación, sino también tus pensamientos, estrategias y emociones. Se convierte en una herramienta poderosa para el rastreo de tu progreso, permitiéndote visualizar tu trayectoria y medir tu crecimiento.

Al analizar tanto tus éxitos como tus errores, este diario se transforma en una fuente invaluable de aprendizaje. Te brinda la capacidad de comprender profundamente qué

estrategias funcionaron, cuáles no y por qué. Esta introspección es fundamental para hacer ajustes que mejoren tu
rendimiento a corto y largo plazo.

Importancia del diario de trading

El diario de trading, a menudo subestimado por muchos
traders, es en realidad una de las herramientas más esenciales en esta carrera. Pocos pueden presumir de mantener
un diario completo que no solo detalle sus operaciones,
sino que también registre sus emociones, un diario es más
que una mera colección de transacciones; es un reflejo del
viaje personal y profesional del trader. Su propósito principal es el seguimiento del progreso personal. Registrar
las operaciones ayuda a visualizar el trayecto recorrido y
permite un análisis mas objetivo del avance a lo largo del
tiempo.

Analizar con la mente fría y revisar retrospectivamente
el registro permite examinar cada una de las decisiones
tomadas: ¿Por qué ejecutó una operación? ¿Qué factores
influyeron en la elección de ese momento específico? Al
responder a estas preguntas, el diario ayuda a identificar
patrones emocionales, llevando a cuestionamientos como:
¿hubo avaricia, miedo o exceso de confianza en determi-
nadas operaciones?

Correlacionar este registro con los resultados de trading permite entender cómo los estados emocionales impactan en las estrategias y decisiones. Este ejercicio de introspección y comprensión conduce a una mejora continua en el análisis, la toma de decisiones y el comportamiento frente al gráfico.

La práctica de llevar un diario no solo es útil para principiantes. Incluso los traders más grandes y reconocidos de la historia mantienen este habito. Ray Dalio, fundador de Bridgewater Associates, uno de los fondos de cobertura más grande del mundo, mantiene un enfoque sistemático que incluye un análisis detallado de sus decisiones y resultados. Ed Seykota, pionero del trading algorítmico, conocido por su enfoque cuantitativo y el uso de sistemas automatizados, dice mantener registros detallados para refinar continuamente sus estrategias.

Datos clave a registrar en cada operación

Cuando se trata de registrar una operación no te compliques con datos como: activo, precio de entrada, salida, relación riesgo/beneficio, etc... No es necesario hacerlo manualmente, ya que existen muchas plataformas que registran todo esto de forma automática y gratuita. El mejor trabajo que puedes hacer de manera manual para tu evolución y mejora, es el registro fotográfico del trade, idealmente en al menos dos temporalidades, la de entrada (donde esta la acción del precio que consideraste para posicionarte), y otra imagen de una temporalidad más alta, para poder apreciar un panorama más completo. En ambas fotografías se debe apreciar la entrada, el nivel de Take Profit y de Stop Loss planteado. Esto resultará extremadamente útil para una autoevaluación en el futuro.

Las personas que han tenido la oportunidad de participar en mi programa de trading en vivo, "Moneyvation", reciben un PDF con todas las operaciones realizadas en el mes, siguiendo un modelo similar al que acabo de describir. Así muestro cómo, de una manera simple, genero una guía mensual de cada una de mis operaciones en un formato gráfico e informativo que luego puedo contrastar con mis métricas generales.

Una recomendación adicional es capturar la fotografía horas después de haber culminado tu sesión. Esto te permitirá registrar también cómo evolucionó el mercado para contrastarlo con tu análisis general.

Uso de tecnología para el registro de Operaciones

Es importante que te familiarices con el amplio panorama que la tecnología ofrece en el área de registro y seguimiento de tus operaciones. Porque esta tarea se ha simplificado enormemente. No solo ahorra tiempo valioso, sino que también asegura la precisión y la integridad de los datos recogidos, eliminando los errores humanos comunes en el registro manual.

Más allá de la mera recopilación de datos, estos programas ofrecen capacidades analíticas avanzadas. Permiten a los traders identificar patrones de éxito y fracaso en sus operaciones, proporcionando información útil para la evaluación y el refinamiento de las estrategias. Además, muchas plataformas ofrecen funciones como generar gráficos y reportes, lo que facilita enormemente la interpretación y comprensión de grandes volúmenes de información.

Posdata: El registro acumulado en estas plataformas puede servirte como un currículum valioso cuando busques fondos o inversores dispuestos a confiar en ti para la gestión de su capital, basándose en tus resultados previos.

Identificación de patrones de error y éxito

Durante un año, realicé auditorías gratuitas para traders, solicitándoles permiso para examinar sus métricas a cambio de mis consejos de mejora. Tras evaluar cientos de estas auditorías, mi objetivo era descubrir patrones comunes entre aquellos que obtenían resultados positivos y los que no. Este proceso me permitió desarrollar la habilidad de identificar rápidamente si un trader tiene potencial para prosperar en el mercado. Pero descubrí que resulta mucho más sencillo identificar patrones que lo predisponen al fracaso. Tales como: discrepancias entre la tasa de éxito y la relación riesgo/beneficio, exceso de operaciones (Overtrading), elección inapropiada de horarios para operar determinados activos y una deficiente gestión de riesgos.

Si aún no dominas la evaluación de tus propias métricas, es aconsejable buscar la asistencia de alguien con más experiencia que pueda hacerlo por ti. Con el tiempo, serás capaz de identificar los patrones de éxito que debes mantener y los que debes rectificar.

Feedback y aprendizaje continuo

Un trader afortunado es el que tiene un buen compañero de trading, ese *trader partner* que te motiva y te da un buen feed back cuando se lo pides. Este intercambio de ideas y estrategias no solo ofrece una oportunidad para recibir retroalimentación objetiva, sino que también proporciona perspectivas distintas que pueden ser de gran valor.

Una de las realidades del trading es que puede ser una actividad bastante solitaria, y en momentos de pérdidas, es común aislarse y evitar buscar opiniones externas. Sin embargo, el feedback de un compañero de trading o de otros miembros de una comunidad online puede ser invaluable.

Considera tener un *trader partner* para establecer una relación de confianza y respeto mutuo, con el objetivo común de crecer personal y profesionalmente. Si de vez en cuando tienes la oportunidad de encontrarte en persona con tu compañero, seria ideal. De esta manera, también lograrás romper con la barrera de la pantalla que frecuentemente conlleva el aislamiento.

Si tienes la suerte de contar ya con tu "trader partner", obséquiale este libro como muestra de agradecimiento por su amistad y apoyo en tu viaje de trading.

Aplicación del tercer mandamiento
"Honraras tu operativa registrándola"

Llevaré a la práctica el tercer mandamiento comprometiéndome a realizar las siguientes acciones:

- **Mantendré un diario de trading:** Documentaré fotográficamente cada una de mis operaciones, incluyendo una descripción. Añadiré anotaciones sobre mis estados emocionales durante cada jornada de trading.

- **Auditaré mis cuentas de trading:** Utilizaré herramientas especializadas para auditar mi cuenta de trading, asegurándome de revisar mis métricas de manera periódica.

CUARTO MANDAMIENTO:

Te adaptarás al momento del mercado

Introducción al mandamiento

Una de las facetas más fascinantes del análisis del mercado es que, aunque pueda parecer una actividad rutinaria, cada día es totalmente nuevo. A nivel de pensamiento ocurre algo muy interesante. Debes analizar e interpretar la información que existe, pero al mismo tiempo, debes emplear tu cerebro creativo para especular sobre las futuras formaciones. Este ejercicio diario hace que cada jornada sea una experiencia completamente nueva. Si este cuarto mandamiento se pudiera resumir en una palabra sería, resiliencia.

Para poder fluir con el momento del mercado debes mantener una estrategia de trading flexible y adaptable a los cambios. Esto implica que pueda ser útil en ciclos alcistas, bajistas y laterales. Una parte vital de esta adaptabilidad es la gestión activa del riesgo en relación con la volatilidad de dichos ciclos. Esto significa poder ajustar el tamaño de tus operaciones y Stops Loss.

En el trading, debes mantener una mente abierta, estar dispuesto a cambiar de opinión y adaptar tu estrategia en función de la nueva información y los cambios en el mercado.

Otro aspecto importante de la adaptación, es la diversificación y la rotación de activos. Durante algún periodo algunos pueden mostrar comportamientos atípicos por alguna razón fundamental, no te cierres a explorar otros dentro del sector que mejor domines.

Estrategias de trading según el ciclo de mercado

Una de las razones por las que es tan difícil que un algoritmo o bot de trading funcione durante un largo periodo de tiempo es precisamente porque ha sido programado con una fórmula que aplica lo mismo independientemente de los cambios del mercado. Cuando surgen nuevos ciclos, estos algoritmos dejan de generar los mismos resultados. Esa es la gran ventaja que puede tener un análisis humano, es resiliente y se adapta de inmediato, sin resistirse a los cambios.

El mercado tiene ciclos o fases, pasa por períodos alcistas, bajistas o laterales. En cada una de estas fases, también pueden surgir cambios significativos en la volatilidad. Muchas veces esto requiere adaptarse a nuevas temporalidades porque las que venías usando ya no ofrecen una perspectiva clara, por eso una estrategia no debe estar cerrada a este tipo de cambios.

Si eres un trader bidireccional, en mercados con fuertes tendencias alcistas o bajistas fuertes puedes enfocar tu estrategia en retención de la posición para capitalizar aún más. Por otro lado, si eres un *Bullish Trader,* esto solo lo harías en tendencias alcistas, y en mercados bajistas, la protección de capital se vuelve más relevante. En mercados laterales, donde las tendencias no son tan claras, para ambos traders, las estrategias basadas en rangos o en la volatilidad pueden resultar más efectivas.

Análisis técnico en diferentes contextos de mercado

El análisis técnico no es una herramienta de talla única. En mi opinión, la habilidad de un buen trader se centra en identificar cuál es la herramienta más adecuada según el contexto del mercado. En tendencias bien definidas, una herramienta como Fibonacci o un indicador como las medias móviles pueden ser útiles; pero en un mercado lateralizado, pierden relevancia.

Insisto siempre en que formarse como analista técnico no se limita a aprender una estrategia paso a paso, porque cuando el mercado inicia nuevos ciclos, las estrategias repetitivas tienden a dejar de ser efectivas. Sentarse frente a un gráfico y realizar un análisis técnico es similar a jugar una partida de ajedrez. Puedes tener una estrategia en mente, contemplando tus próximos movimientos, pero si tu oponente realiza una jugada inesperada, tendrás que replantear la tuya. Lo mismo sucede en el mercado. No te conviertes en un buen ajedrecista solo porque sepas ejecutar el Gambito de Dama; es una buena apertura, pero no es suficiente para dominar toda la partida. Necesitas comprender el juego en su totalidad y adaptarte a los movimientos de tu oponente, que no siempre serán predecibles.

Flexibilidad emocional y cognitiva en el trading

Lo que es rígido a menudo se quiebra, mientras que lo flexible tiende a adaptarse para sobrevivir. La flexibilidad emocional en el trading significa poder enfrentar las fluctuaciones del mercado sin ser arrastrado por las emociones. Es la capacidad de experimentar momentos de tensión o euforia sin perder el control o desviarse del plan. Por otro lado, la flexibilidad cognitiva es la habilidad de cambiar tu forma de pensar y adaptar tus estrategias ante nuevas informaciones o situaciones del mercado. Un trader cognitivamente flexible reconoce que el mercado es un ente dinámico.

Una reflexión importante es preguntarse: ¿Soy más flexible emocional o cognitivamente? Una flexibilidad emocional bien desarrollada te permite enfrentar los altibajos sin ser dominado por tus emociones, y una flexibilidad cognitiva te capacita para ajustar tus estrategias sin resistirte a un pensamiento fijo.

Diversificación y rotación de activos

Un inversor debe enfocarse en la diversificación, mientras que un trader debe considerar la rotación de activos. Es importante marcar esta distinción: un inversor construye un portafolio con una variedad de activos, buscando que aumenten su valor a lo largo del tiempo para obtener rendimientos. En contraste, un trader se involucra diariamente en la negociación y análisis del mercado, lo que requiere una mayor resiliencia y la habilidad de rotar activos de manera estratégica. Mientras que la diversificación es una estrategia a largo plazo que busca reducir riesgos y aprovechar el crecimiento gradual del mercado, la rotación de activos es una táctica más dinámica y adaptativa.

Como trader es recomendable rotar activos dentro del mismo sector, ya sea que prefieras analizar Forex, materias primas, índices, criptomonedas u otros. En el mercado de divisas por ejemplo, un trader puede optar por rotar entre distintos pares: EUR/USD, USD/CAD, NZD/JPY etc,. De manera similar, en el sector de los índices, como NASDAQ, SP500 o US30.

Aplicación del cuarto mandamiento
"Te adaptarás al momento del mercado"

Llevaré a la práctica el cuarto mandamiento comprometiéndome a realizar las siguientes acciones:

- **Identificaré la fase del mercado:** Ajustaré mi estrategia de trading para alinearme con las condiciones actuales del mercado, ya sean tendencias definidas o periodos de consolidación.

- **Rotaré o diversificaré mis activos:** Escogeré mis activos estratégicamente y realizaré ajustes cuando sea conveniente.

QUINTO MANDAMIENTO:

Te especializarás en un activo

Introducción al mandamiento

¿Has escuchado la expresión «sabe tanto que no sabe nada»? Esto puede suceder cuando solo rozamos la superficie de todo lo que abarcan los complejos mercados financieros. Son tantos activos, variables, eventos económicos y correlaciones, que querer abarcar más simplemente nos hace ignorar más. Este mandamiento no contradice el anterior, sino que lo complementa, la idea es concentrar tus esfuerzos y recursos en comprender a fondo un único activo, por consecuencia entenderás mejor el sector al que pertenece, de esta manera cuando consideres necesario hacer una rotación, será mas simple analizar otro activo que pertenezca a ese mismo sector.

"Calidad por encima de cantidad" es un principio bien conocido por los grandes inversores, un ejemplo emblemático de esto es George Soros. Este trader alcanzó la fama por su audaz apuesta contra la libra esterlina en 1992, un movimiento estratégico que le generó más de mil millones de dólares y le valió el apodo de "El hombre que quebró al Banco de Inglaterra". Su enfoque en el mercado Forex y su habilidad para identificar las vulnerabilidades de las monedas le permitieron capitalizar en momentos críticos. Esta operación destacada es un claro ejemplo de cómo un solo movimiento bien planificado y ejecutado puede tener un impacto significativo, subrayando la importancia de la calidad sobre la cantidad en las estrategias de trading.

Ventajas de la especialización en un activo

Cada activo posee una especie de personalidad única, como en las relaciones personales, cuanto más tiempo compartes con alguien, más comprendes su personalidad y más predecible se vuelve. En mi libro "La Magia de Operar USD/CAD", comparto más de 17 meses de operativa continua en ese par de divisas. Durante ese tiempo, el noventa por ciento de mis operaciones se centraron en este activo, lo que me permitió comprender profundamente no solo su funcionamiento sino el del mercado de divisas en general. Con esto quiero decir que, especializarse en un activo no es un fin en sí mismo, ni que implica permanecer exclusivamente en él para siempre. Recordemos que la rotación de activos puede ser necesaria.

Especializarte en uno o pocos puede ofrecerte las siguientes ventajas:

Conocimiento profundo del activo: Te permite desarrollar una comprensión profunda de las dinámicas específicas, patrones, correlaciones y comportamientos.

Conocimiento del sector relacionado: Te permite no solo entender el activo en sí, sino también a mas profundidad el sector económico al que pertenece.

Eficiencia: En lugar de dispersar tus esfuerzos y tiempo en múltiples activos, puedes concentrarte en maximizar tu eficacia, enfocándote en calidad, y no cantidad.

Desarrollo de estrategias personalizadas: Permite diseñar y perfeccionar estrategias de trading que están específicamente adaptadas para ese activo.

Rápida adaptación a cambios: Al estar profundamente familiarizado con uno o pocos activos, puedes identificar y reaccionar rápidamente a cambios.

Conocimiento del calendario económico y su impacto

Estar atento a una gran cantidad de eventos económicos puede ser abrumador, especialmente si sigues diferentes sectores o mercados. En Forex, por ejemplo, se presentan aproximadamente 20 a 30 informes económicos significativos cada mes. El mercado de materias primas, que incluye productos como el petróleo y el gas natural, podría generar de 10 a 15. Y el caso de los metales, como el oro y la plata, el número puede ser un poco menor, oscilando entre 5 y 10 informes importantes al mes. En lugar de intentar abarcar todo, el enfoque y la especialización te permiten profundizar y entender los eventos para aprovecharlos.

En el mercado Forex, por ejemplo, deberías estar atento sobre las decisiones de política monetaria de los principales bancos centrales, como la Reserva Federal de EE. UU., el Banco Central Europeo o el Banco de Japón. Cambios en las tasas de interés por parte de estos entes, pueden provocar el comienzo de nuevas tendencias a largo plazo que puedes aprovechar.

Otros mercados emergentes como el de las criptomonedas, son mucho mas sensibles, incluso pueden generar una alta volatilidad a raíz de pronunciaciones en las redes sociales o foros en línea, por lo que amerita un constante seguimiento.

Redes y comunidades de traders especializados

Antes de unirte a cualquier comunidad o grupo debes realizar un buen filtro, la mayoría son creados para venderte producto o servicios engañosos. Los que realmente valen la pena tienden a ser privados. Por otro lado, si no tienes seguridad en tus análisis puedes verte influenciado por cualquier especulador en línea. Si logras entrar a una buena comunidad, considera distintos puntos de vista y aprende todo lo que puedas, pero nunca pierdas la confianza en ti mismo.

Dentro de foros o grupos, es posible que encuentres canales dedicados a activos específicos, suelen estar repletos de discusiones detalladas sobre análisis técnico, fundamental, y noticias. Puedes usarlos para aprender de los éxitos y fracasos de otros traders, lo cual es ventajoso para refinar tus propias estrategias.

Si estas incursionando en áreas nuevas como trading algorítmico o gestión de capitales, pertenecer a una red donde se comparten los últimos desarrollos y tendencias, te permite estar siempre a la vanguardia.

Finalmente, estos foros y comunidades proporcionan un sentido de apoyo y camaradería. Si no tienes ese "trader partner", estos grupos pueden actuar como un sistema de apoyo emocional, además de ser una fuente de consejos prácticos y motivación.

Aplicación del quinto mandamiento
"Te especializarás en un activo"

Llevaré a la práctica el quinto mandamiento comprometiéndome a realizar las siguientes acciones:

- **Concentraré mi atención en un solo mercado:** Me comprometeré a profundizar en el conocimiento tanto del análisis técnico como del fundamental de un mercado específico, con el objetivo de comprenderlo en su totalidad.

- **Me especializaré en pocos activos:** Me limitaré a seguir un máximo de 3 activos o menos, por un período superior a seis meses, anotando en mi diario toda la información que considere relevante y que pueda ser beneficiosa para futuras operaciones.

SEXTO MANDAMIENTO:

Dominarás y gestionarás tus emociones

Introducción al mandamiento

La habilidad para mantener la calma, la claridad mental y la objetividad, especialmente bajo presión, es lo que distingue a los traders exitosos de aquellos que no lo son. ¿Cuántos no han logrado resultados asombrosos en cuentas Demo, para luego, pasar a un entorno real, y no conseguir acercarse siquiera a esos resultados? Muchas veces el trader busca las respuestas en lo técnico, saltando de estrategia en estrategia, de activo en activo, de sesión en sesión, en busca de resultados. Sin embargo, si se toma un momento para hacer una introspección, se dará cuenta de que los errores cometidos tienen sus raíces en emociones que desequilibraron su toma de decisiones, llevándolo a desviarse del plan y violar los principios de este libro.

Psicología del tader y su impacto en la toma de decisiones

Un trader novato que nunca se ha enfrentado al mercado suele comenzar su trayectoria con un gran optimismo, principalmente porque aún no ha experimentado las pérdidas y no entiende completamente los desafíos emocionales que el trading puede presentar. Esta falta de experiencia previa puede explicar por qué muchos novatos comienzan ganando con facilidad, lo que comúnmente se conoce como la "suerte del principiante". Este fenómeno no se debe solo a la suerte; en realidad, es el resultado de operar sin los juicios o heridas del pasado que suelen influir en las decisiones de los traders más experimentados.

Una vez que el trader experimenta su primera pérdida, se activa un proceso de aprendizaje emocional. A partir de ese punto, el cerebro, intentando proteger al individuo, puede desarrollar una respuesta de "lucha o huida" frente a futuras operaciones. Este es un mecanismo de supervivencia humano para enfrentar situaciones de amenaza y riesgo. Esta reacción involucra la liberación de hormonas como la adrenalina y el cortisol, que preparan al cuerpo para actuar rápidamente ante un peligro inminente. Esto quiere decir que cuando hacemos trading, el cerebro experimenta un proceso similar al de nuestros ancestros cuando se enfrentaban a una bestia salvaje, activando respuestas emocionales y físicas primitivas. La adrenalina incrementa la alerta y la capacidad de reacción, mientras que el cortisol eleva los niveles de estrés. Ambas hormonas influyen significativamente en la toma de decisiones, alejando al trader de un enfoque lógico y racional, empujándolo hacia decisiones impulsivas por el miedo a perder o por la euforia de ganar.

Técnicas de mindfulness y control emocional

Las técnicas de mindfulness, basadas en la atención plena, son cada vez más reconocidas no solo por sus beneficios psicológicos, sino también por su impacto positivo en actividades de alto estrés emocional como el trading. La práctica regular de mindfulness o meditación ha demostrado tener efectos significativos en la auto regulación y la función cognitiva. Científicamente, se ha comprobado que modifica la actividad en áreas del cerebro asociadas con la atención, la conciencia emocional y la toma de decisiones. Estudios con imágenes de resonancia magnética funcional (fMRI) han mostrado que la meditación puede aumentar la actividad en el córtex prefrontal y el hipocampo, áreas vinculadas con la toma de decisiones racionales y la regulación de las emociones.

También esta demostrado que la práctica de mindfulness reduce la actividad en la amígdala, el centro del cerebro asociado con el miedo y las respuestas emocionales intensas. Esto significa que los traders que practican mindfulness pueden ser menos susceptibles a reaccionar de manera impulsiva bajo estrés, permitiéndoles mantener una mayor objetividad y serenidad durante las operaciones.

Personalmente, he practicado la meditación durante años y he experimentado de primera mano todos los beneficios que ha aportado a mi vida. Soy plenamente consciente de que la serenidad que logro mantener durante mis operaciones se debe en gran medida a este hábito. Me gusta meditar al despertar y justo antes de dormir, pero siempre incluyo una sesión de unos veinte minutos antes de comenzar a analizar los gráficos. Esta práctica se ha convertido en un elemento indispensable de mi rutina de trading. Puedo percibir los efectos inmediatos al abordar mis análisis con mucha más calma y serenidad.

Reconocimiento y manejo del estrés en el trading

Esta demostrado científicamente que el estrés crónico puede tener efectos adversos significativos en el cuerpo, incluyendo el sistema inmunológico. Como traders, debemos reconocer que nos dedicamos a una actividad que es por naturaleza, estresante. Y lo último que queremos es enfermarnos. Por lo tanto, es fundamental contrarrestar de alguna manera ese estrés acumulado. Para eso podemos implementar prácticas como:

Técnicas de respiración: La respiración profunda y consciente puede ayudar a calmar la mente y reducir la tensión. Prácticas como la respiración diafragmática o la respiración 4-7-8 pueden ser especialmente útiles.

Ejercicio regular: La actividad física es un excelente medio para reducir el estrés. No solo ayuda a liberar la tensión acumulada, sino que también libera endorfinas, conocidas como hormonas de la felicidad, que pueden mejorar el estado de ánimo.

Practicar hobbies y actividades recreativas: Dedicar tiempo a actividades que disfrutas fuera del trading puede ser una forma efectiva de despejar tu mente y relajarte. Ya sea leer un libro, pintar, tocar un instrumento musical o cualquier otra actividad que te apasione.

Meditación y mindfulness: Como se mencionó anteriormente, prácticas de meditación y mindfulness pueden ser extremadamente beneficiosas para calmar la mente y centrar tus pensamientos.

Sueño adecuado: Mantener un patrón de sueño regular y asegurarte de obtener suficiente descanso cada noche es crucial para la gestión del estrés.

Rutinas Pre y Post Trading

Muchos traders se concentran en desarrollar un plan de trading perfecto, pero que solo abarca las acciones a realizar durante su operativa. Sin embargo, al igual que en el caso de los deportistas, lo que se hace fuera del "campo de juego", puede tener un impacto igual o mayor.

Antes de comenzar a operar, es beneficioso involucrarse en actividades que tranquilicen la mente y fomenten un estado de serenidad. Esto puede incluir prácticas como la meditación o ejercicios de respiración profunda, que ayudan a reducir la ansiedad y aclarar tus pensamientos, preparándote para abordar el mercado. Después de la sesión de trading, quizá sea mejor dedicar tiempo a actividades que disminuyan o contrarresten los picos de estrés. El ejercicio físico intenso, una caminata en la naturaleza o actividades creativas, pueden ser especialmente efectivas para liberar la tensión acumulada.

La Importancia del descanso y la desconexión

La saturación por información, la constante exposición a las fluctuaciones del mercado y la presión por obtener resultados es agotador. Este exceso puede conducir a un cansancio mental, incrementando el riesgo de cometer errores. Permitirte días de descanso y desconexión del grafico, producirá un détox de adrenalina y cortisol producto del estrés. No solo se trata de descansar físicamente, sino también de darle un respiro a tu mente.

Este es un negocio de volumen, no de intensidad. Se que cuesta entenderlo cuando el balance de tu cuenta de trading es pequeño y quieres tomar hasta el ultimo movimiento del mercado. Pero eso no hará mas que saturarte y decepcionarte.

Gestión de emociones y cuentas Demo

Los simuladores o cuentas Demo son herramientas útiles para practicar estrategias en un entorno libre de riesgo, lo que resulta valioso para ganar confianza y experiencia sin arriesgar dinero real. Pero tienes que ser consciente que estas cuentas te aíslan del factor emocional, no importa cuanto digas estar comprometido con una cuenta Demo, si pasas demasiado tiempo sin gestionar dinero real, comienzas a perder habilidades sobre tu manejo de emociones. Por eso mi recomendación es, si eres novato, no pospongas demasiado tu avance a un entorno real, si ya has operado este tipo de cuentas no te desenfoques demasiado tiempo buscando o esperando por recursos externos, mantén siempre un balance activo en tu cuenta de trading así sea pequeño.

Aplicación del sexto mandamiento
"Dominarás y gestionarás tus emociones"

L levará a la práctica el sexto mandamiento comprometiéndome a realizar las siguientes acciones:

- **Me capacitaré en inteligencia emocional:** Me esforzaré por estudiar y entender el espectro de las emociones humanas para lograr identificarlas y gestionarlas adecuadamente en mí mismo.

- **Incorporaré prácticas de mindfulness:** Reservaré momentos específicos de mi día para ejercitar la atención plena, implementando sesiones de meditación.

- **Reconoceré la necesidad de descanso:** Me permitiré tomar pausas cuando sea necesario, incluso si esto significa alejarme de los gráficos por unos días.

SÉPTIMO MANDAMIENTO:

*Cultivarás una mentalidad
ganadora a largo plazo*

Introducción al mandamiento

Al igual que un agricultor cultiva su cosecha, sembrando primero y luego nutriendo con paciencia y para recoger los frutos, así también debe cultivarse una mentalidad ganadora. Robusta y bien arraigada, se caracteriza por no dejarse llevar por decisiones impulsivas que solo ofrecen gratificación a corto plazo y que, en última instancia, te desvían de las recompensas más significativas que se encuentran a largo plazo.

Esta mentalidad no implica renunciar a las aspiraciones de ganar en un futuro cercano, sino a no dejarse llevar por gratificaciones instantáneas que te alejen de tus objetivos mas grandes.

Establecimiento de objetivos a largo plazo

Nuestra naturaleza humana es a priorizar las recompensas inmediatas sobre las ganancias a largo plazo. Según la neurociencia, este fenómeno se relaciona con la manera en que nuestro cerebro procesa la gratificación. Las áreas cerebrales como el sistema límbico responden intensamente a las recompensas inmediatas, liberando neurotransmisores como la dopamina, lo que nos proporciona una sensación de placer instantáneo. Esta respuesta puede hacer que los objetivos a largo plazo, que requieren más tiempo y esfuerzo, parezcan menos atractivos.

La expectativa de obtener resultados significativos en el primer año de trading es, en muchos casos, poco realista y puede llevar a la frustración y al abandono prematuro. Muchas personas abandonan antes de haber implementado adecuadamente las estrategias o de haber alcanzado una madures como trader. Otras caen presa de su propio deseo de creer en soluciones rápidas y fáciles. La impaciencia por obtener resultados inmediatos puede cegarlas a las señales de advertencia, incluso cuando son evidentes. Ignoran la lógica y el sentido común, dejándose seducir por promesas de riquezas instantáneas y soluciones milagrosas.

Los estafadores aprovechan esta vulnerabilidad, presentando ofertas que parecen demasiado buenas para ser ciertas. Estas estafas, a menudo disfrazadas de oportunidades únicas, se notan desde el principio por su falta de sustancia y credibilidad. Sin embargo, el fuerte deseo de creer, combinado con la impaciencia, lleva a muchas personas a ignorar las banderas rojas y a sumergirse en situaciones que prometen todo, pero que terminan siendo meros espejismos.

La realidad es que los atajos rara vez conducen al éxito duradero. Este deseo de obtener todo rápidamente no solo es una receta para el fracaso, sino que también hace que las personas sean vulnerables a ser engañadas y explotadas por aquellos que buscan aprovecharse de sus sueños y esperanzas.

Gestión del "Éxito" y del "Fracaso"

No puedo evitar pensar en el deporte cuando hablo de gestionar el éxito y el fracaso. Más allá de los beneficios físicos, el deporte desde la niñez desarrolla una mentalidad forjada en disciplina, constancia, mejora continua y superación. Entre todos estos valores, tal vez el más significativo sea aprender a gestionar la frustración que acompaña a la derrota. Pero ¿es realmente la derrota un "fracaso"? Desde mi perspectiva, la pérdida solo indica que lo estabas intentando, y ese intento es ya el primer paso para ganar. Y en cuanto al triunfo, ¿es acaso ganar un "éxito" absoluto? Esto también es relativo: no es una sola victoria la que define el éxito, ni una sola derrota la que conduce al fracaso. Que no se te olvide que un campeón, es solo un jugador que perdió partidos, pero ganó el campeonato.

Para facilitar la gestión del fracaso, es útil implementar técnicas como establecer "anclajes" que te recuerden tus éxitos pasados, especialmente aquellos logrados tras superar adversidades. Estos anclajes pueden ser objetos materiales o símbolos que representen logros significativos, sirviendo como recordatorios tangibles de tu capacidad para triunfar.

Aplicación del séptimo mandamiento
"Cultivarás una mentalidad ganadora a largo plazo"

Llevaré a la práctica el séptimo mandamiento comprometiéndome a realizar las siguientes acciones:

Estableceré objetivos a largo plazo claros: Anotaré mis metas a largo plazo en un lugar visible que pueda consultar diariamente.

Desglosaré mis metas en pasos alcanzables: Dividiré mis objetivos más grandes en acciones específicas y manejables, programadas para ser completadas en periodos cortos, permitiéndome observar mi progreso de manera tangible y constante.

OCTAVO MANDAMIENTO:

No encomendarás al trading tus caprichos

Introducción al mandamiento

Si el trading pudiera expresarse, probablemente te diría que tiene el potencial de hacerte millonario, pero aclararía que no es responsable de cumplir tus caprichos ni de resolver tus problemas financieros mágicamente. Muchos traders principiantes ingresan con la ilusión de alcanzar rápidamente sus sueños más extravagantes. No obstante, mantener esta mentalidad puede llevarlos por un camino de frustración y desilusión. Incluso un rendimiento positivo puede sentirse insuficiente si las expectativas del trader son excesivamente altas. Esta situación puede impulsar a tomar decisiones inmaduras, intentando alcanzar metas poco realistas.

¿Expectativas realistas o ilusorias?

El sentimiento de frustración surge cuando no logramos satisfacer nuestros deseos o necesidades. Por tanto, es esencial preguntarse: ¿Cuáles son mis expectativas con el trading? ¿Qué necesidades espero cubrir? ¿Es el tamaño de mi cuenta lo suficientemente grande como para satisfacer esas expectativas y cubrir esas necesidades obteniendo rendimientos conservadores? Las respuestas a estas preguntas revelarán la probabilidad de terminar frustrado y decepcionado con el trading.

Encontrar la línea divisoria entre expectativas realistas e ilusorias puede ser incierto, especialmente en el trading, donde esta latente la posibilidad de ganancias rápidas y altos rendimientos, pero un beneficio excepcionalmente alto suele conllevar riesgos igual de grandes, lo cual puede resultar insostenible a largo plazo.

Ahora déjame darte la buena noticia, el trading es una actividad tan escalable, que haciendo las cosas bien, a largo plazo ninguna meta o expectativa es ilusa, el talento junto a un buen volumen de dinero, te hacen imparable en esta profesión. Es que literalmente no hay techo. Por eso quiero decirte que sueñes en grande, simplemente no le encomiendes al trading tus caprichos.

Gestionando la decepción

Aceptar que el trading no es un camino hacia ganancias instantáneas y que las pérdidas son parte del juego puede ser decepcionante, pero esto no significa bajar tus estándares o renunciar a tus sueños y metas en la vida.

Al contrario, es reconocer que el trading es una habilidad que se desarrolla con el tiempo y que las grandes metas requieren una base sólida para ser alcanzadas.

Las expectativas deben estar alineadas con la realidad de tu capital y experiencia. Soñar en grande es excelente, pero traer expectativas desproporcionadas a la mesa de trading puede conducir a decisiones inmaduras y a una mayor decepción.

Reconocimiento del trading como carrera profesional

Imagina a un médico, quien tras leer un par de libros de medicina y ver algunos vídeos, decide operar. O un abogado que, después de ver series legales en televisión, se presenta en un tribunal. Suena absurdo, ¿verdad? Sin embargo, a menudo, este es el enfoque que muchos novatos adoptan en el trading, esperando resultados sorprendentes sin la formación y experiencia adecuada.

Aunque el trading es indiscutiblemente una de las carreras más escalables que existen, su potencial de escalabilidad se basa en el volumen de dinero que manejes. Y para llegar a un buen nivel, necesitas profesionalizarte. El trading ofrece una singular ventaja: la posibilidad de formarse de manera totalmente autodidacta. Pero entonces la pregunta de "¿Cuándo se está realmente graduado o certificado como trader?" es, sin duda, interesante. En una profesión donde no existe un título universitario tradicional o una certificación formal que declare oficialmente a alguien como "trader profesional", la respuesta se encuentra más en el cumplimiento de ciertos principios y prácticas que en cualquier calificación académica.

Yo diría que alcanzas el estatus de trader profesional cuando eres capaz de respetar y aplicar los Diez Mandamientos descritos en este libro. Ser un trader profesional no se trata solo de la cantidad de dinero que ganas o de cuánto tiempo has estado en el mercado. Implica una combinación de conocimiento, disciplina, autocontrol y una constante voluntad de aprender y mejorar. Cuando un trader incorpora estos mandamientos en su práctica diaria, demostrando consistencia, ética y un enfoque estratégico, puede considerarse verdaderamente profesional.

Aplicación del octavo mandamiento
"No encomendarás al trading tus caprichos"

Llevaré a la práctica el octavo mandamiento comprometiéndome a realizar las siguientes acciones:

- **No perseguiré soluciones rápidas en el trading:** Mantendré mis deseos y problemas personales separados de los resultados del trading, evitando equipararlos con mis expectativas.

- **Reconoceré el trading como una carrera profesional:** Dedicaré tiempo a formarme y experimentar todos los procesos necesarios para lograr resultados exitosos.

NOVENO
MANDAMIENTO:

Retirarás ganancias

Introducción al mandamiento

Este mandamiento encierra una poderosa lección psicológica: Cuando logramos una meta o un objetivo, nuestro cerebro libera neurotransmisores como la dopamina, generando sensaciones de placer y satisfacción. Esta respuesta bioquímica no solo nos hace sentir bien, sino que también refuerza la conducta que llevó a esa recompensa, incentivándonos a repetir esas acciones en el futuro.

En el trading, retirar y disfrutar de las ganancias actúa como una recompensa tangible que desencadena esta respuesta de placer en el cerebro. Al asignar un porcentaje de tus ganancias para tu disfrute personal, estás activando conscientemente este circuito. Esta satisfacción no solo es gratificante, sino que también te recuerda que vale la pena ser disciplinado y seguir el plan para obtener resultados positivos en el futuro.

En otras palabras, la práctica de retirar ganancias para recompensas personales se alinea con la teoría del condicionamiento operante en psicología, en la que las recompensas fortalecen una conducta deseada. Al experimentar de manera tangible los resultados positivos de tus esfuerzos, aumenta tu motivación para continuar aplicando las estrategias y técnicas que te llevaron a esos éxitos.

Recompensa simbólica

Reconocer y celebrar tus logros en el trading es una forma excelente de mantenerte motivado y conectado con tus éxitos. Una práctica muy efectiva para esto es la recompensa simbólica. Este concepto se refiere a premiarte con algo que tenga un significado especial para ti, algo que simbolice tus logros y te recuerde el fruto de tu esfuerzo. Este objeto o experiencia no tiene que ser costoso o extravagante; su valor radica más en su significado personal que en su costo material. Incluso algo tan pequeño como retirar diez dólares de tus ganancias para disfrutar de un café en el mejor lugar de la ciudad puede ser increíblemente gratificante. Este simple acto de gastar dinero que has ganado a través de tu esfuerzo y habilidad en el trading crea una conexión tangible y valiosa con el dinero en tu cuenta.

Después de pasar mucho tiempo viendo números en una pantalla, es fácil perder la perspectiva del valor real del dinero. Al tomar una pequeña cantidad de tus ganancias para darte un gusto, o hacer una obra de caridad, conectas nuevamente con el valor del dinero y tu tiempo invertido para conseguirlo.

Balance entre crecimiento de capital y disfrute personal

Este equilibrio depende de tus circunstancias personales, incluyendo tu situación financiera y la existencia de otras fuentes de ingreso. Si te encuentras en una posición relativamente estable, donde puedes permitirte ciertos lujos sin necesidad de retirar fondos de tu cuenta de trading o de tu portafolio, entonces puede ser más beneficioso continuar aumentándolos. Este enfoque maximiza el potencial de crecimiento de tu capital a largo plazo. Por ello, contar con fuentes de ingreso alternativas al trading es altamente recomendable, ya que te proporciona una mayor flexibilidad y seguridad financiera.

Reinvertir una parte de tus ganancias es una estrategia inteligente para incrementar tu capital de trading y, por ende, tu potencial de generar cantidades mas grandes en el futuro. Por lo que esta debe ser tu prioridad, pero es igual de importante darte recompensas tangibles por tus esfuerzos y éxitos. Recuerda que solo así estarás reprogramando tu cerebro para fortalecer una conducta deseada.

Estrategias de reinversión de ganancias

Un enfoque práctico y estratégico para la reinversión de ganancias puede incluir la implementación de un plan financiero basado en porcentajes específicos, de esta manera evitas improvisar o desviarte de tus objetivos. Te animo a desarrollar tu propio plan, uno que se ajuste a tu medida, y para guiarte te dejaré a continuación una guía práctica, que muchos expertos en finanzas suelen recomendar:

Reinversión en trading (50-60%): Una gran parte de tus ganancias, digamos entre el 50% y el 60%, puede reinvertirse directamente en tu actividad de trading. Esto puede ayudarte a aumentar el tamaño de tus operaciones o diversificar en nuevos instrumentos o mercados. Este porcentaje ayuda a fomentar el crecimiento de tu capital de trading de manera significativa.

Educación y herramientas (10-15%): Destinar entre el 10% y el 15% de tus ganancias a tu formación continua y a la adquisición de herramientas de trading avanzadas es una inversión en tu crecimiento profesional. Esto puede incluir cursos, libros, seminarios, software de análisis, etc.

Diversificación de inversiones (20-25%): Aproximadamente un 20% a 25% de tus ganancias debe orientarse hacia la diversificación en otras formas de inversión, como el mercado de valores, bienes raíces o incluso en criptomonedas. Esta diversificación ayuda a mitigar los riesgos y a generar fuentes de ingreso adicionales.

Fondo de emergencia (5-10%): Es fundamental asignar un 5% a 10% de tus ganancias a un fondo de emergencia. Este fondo debe ser lo suficientemente sólido para cubrir tus gastos durante varios meses en caso de una racha negativa en el trading o imprevistos personales.

Disfrute Personal (5-10%): Finalmente, permite que un 5% a 10% de tus ganancias se destine al disfrute personal. Esto es crucial para mantener la motivación y reconocer tus éxitos.

Construcción de un fondo de emergencia

La gestión de recursos por parte de un trader difiere significativamente de la de profesionales con un salario fijo. En el trading, existe la posibilidad de obtener en un solo mes ingresos equivalentes a los gastos fijos de todo un año, pero también puede haber periodos prolongados de mala racha, donde solo se generen pérdidas. Por esta razón, debes aprender a administrar eficientemente el dinero durante los meses prósperos y no asumir que estos resultados se repetirán con garantía en los meses siguientes.

Según la guía anterior, se recomienda destinar entre un 5% y un 10% de tus ganancias del trading a este fondo. Sin embargo, es importante reconocer que si tu cuenta de trading no es considerablemente grande, puede ser necesario complementar este fondo con aportes de otras fuentes de ingreso. Esto es crucial para asegurar que tengas un colchón financiero suficiente para enfrentar períodos en los que no puedas obtener rendimientos.

Un fondo de emergencia robusto te ofrece una red de seguridad que es indispensable para tu tranquilidad y estabilidad financiera. Este fondo debe ser capaz de cubrir tus gastos esenciales por varios meses, lo que es esencial en casos de rachas negativas en el trading o situaciones imprevistas en tu vida personal. Al tener un fondo de emergencia, reduces la presión de tener que generar ganancias constantes en el mercado para cubrir tus gastos básicos de vida.

Aplicación del noveno mandamiento
"Retirarás ganancias"

Llevará a la práctica el noveno mandamiento comprometiéndome a realizar las siguientes acciones:

Me premiaré por mi dedicación: Realizaré retiros periódicos tras obtener buenos resultados, manteniéndome así motivado y recompensado por mi esfuerzo.

Construiré un fondo de emergencia: Asignaré un porcentaje específico de mis ingresos para crear un fondo de emergencia, brindándome un soporte financiero y psicológico para mi actividad de trading.

DÉCIMO MANDAMIENTO:

No codiciarás operaciones ajenas

Introducción al mandamiento

Solo necesitas abrir cualquier red social y, ¡voilà! Te encontrarás inundado de imágenes de éxito y riqueza, los grupos, foros y redes sociales están atestados de publicaciones que exhiben operaciones e inversiones que parecen sacadas de una película de Hollywood, mostrando a genios financieros con habilidades casi míticas. Pero ¿qué tan reales son todas esas historias? En un mundo donde la autenticidad es una moneda cada vez más devaluada, encontrar genuinidad puede ser como buscar una aguja en un pajar.

Solo una pequeña élite logra dominar las habilidades descritas en este libro para triunfar en el mercado. La diferencia clave entre los que alcanzan la cima y los que no, es que los exitosos se centran en su propio camino. Absorben teoría y conocimiento, y luego se lanzan a la tarea de mejorarse a sí mismos, en lugar de perseguir la ilusión de convertirse en el arquetipo del trader exitoso que vende la industria.

Promedio de traders en redes sociales

En la era actual de las redes sociales, parece haberse establecido un cierto "estándar" para lo que significa ser un trader exitoso, o como me gusta llamarlo, el "starter pack" del trader de redes sociales. Este paquete incluye, aparentemente, grandes ganancias, estilos de vida lujosos, autos caros y viajes exóticos. Estas representaciones pueden ser muy engañosas, a menudo, no reflejan la realidad completa del trading.

La vida de un trader en las redes sociales a menudo parece una secuencia interminable de éxitos y lujos. Pero eso no es ajeno a esta profesión, estas plataformas generalmente tienden a mostrar solo los aspectos más brillantes y exitosos en la vida de las personas, lo que puede crear una imagen distorsionada de la realidad. Este entorno, es posiblemente el peor lugar para buscar empatía o comprensión realista sobre las luchas y desafíos del trading. Raramente se comparten las malas rachas, las dudas y las inseguridades que son parte integral del viaje de cada trader. Pero no quiero caer solo en la crítica, por eso cada vez que tengo la oportunidad, muestro la otra cara de la moneda en mis redes sociales, y también te invito a hacerlo a ti. Es trabajo de todos limpiar la imagen que le han montado a esta industria.

Desarrollo de un estilo de trading personal y único

Este proceso de personalización puede abarcar muchos aspectos. Pero comenzaría con la elección de los activos. Algunas personas pueden encontrar más éxito en el mercado de divisas, mientras que otras pueden preferir acciones o criptomonedas. El horario en el que operas también define mucho tu estado de ánimo y concentración. Algunos traders funcionan mejor en las primeras horas de la mañana, mientras que otros pueden encontrar que su rendimiento es mejor durante horas de la noche. El nivel de riesgo que estás dispuesto a asumir es otro factor muy personal. Algunos traders pueden sentirse cómodos con estrategias de alto riesgo/beneficio, mientras que otros pueden preferir enfoques más conservadores.

El ensayo y error juega un papel importante en este proceso. Experimentar con diferentes estrategias, y evaluar que funciona mejor para ti. Recuerda registrar tus emociones cuando pruebes algo nuevo. ¿Te sientes cómodo y en control, o te sientes ansioso y estresado? La respuesta a estas preguntas puede guiarte hacia un modelo que no solo sea rentable, sino también sostenible para ti a largo plazo.

Construcción de confianza en tu análisis y decisiones

Al comienzo, es completamente normal sentir cierta desconfianza en los análisis propios, y tener la necesidad de compararlo con el de otros. Esta fase es parte del desarrollo de cualquier trader. Pero a medida que avanzas y acumulas experiencia, comenzarás a notar un cambio importante: la seguridad en tus propios análisis y decisiones se fortalecerá, hasta llegar al punto en el que solo confías en el tuyo.

Este aumento de confianza no es un signo de egocentrismo, sino más bien certeza en tus conocimientos y habilidades. Naturalmente te inclinas a asumir riesgos basados solo en tu propio juicio. Sin embargo, es importante mantener un equilibrio. Estar abierto a escuchar opiniones y nunca parar de aprender.

Reconocimiento y superación del FOMO (Fear Of Missing Out)

El FOMO, o miedo a perderse algo, es esta sensación surge cuando los traders ven a otros logrando grandes ganancias o participando en tendencias de mercado aparentemente lucrativas. Entre la presión y la frustración de sentir que se está perdiendo una oportunidad importante puede terminar tomando decisiones sin ningún sentido técnico. Si tiendes a convivir con este sentimiento, te daría las siguientes recomendaciones:

Aislamiento selectivo de grupos y redes sociales: Reduce tu exposición a grupos, foros o redes sociales donde constantemente se comparten resultados de trading exitosos. Esto puede ser un caldo de cultivo para el FOMO, especialmente si se centran en mostrar solo éxitos y nunca la otra cara de la moneda.

Reducir el número de activos que sigues: Seguir una gran cantidad de activos puede incrementar la sensación de que te estás perdiendo de oportunidades. Filtra y limita el número lo máximo posible.

Establecer y respetar tu plan de trading: Si tienes un plan bien definido, es más fácil resistir la tentación de perseguir operaciones que no se ajustan a tu estrategia solo porque otros están obteniendo ganancias de ellas.

Practicar mindfulness: Como ya he recomendado en este libro, la práctica del mindfulness y te puede ayudar a entender y gestionar tus emociones, incluyendo el FOMO.

Tú vs Tú

En la búsqueda de la excelencia personal y profesional, la competencia con los demás es una vaga ilusión, un punto de referencia externo impulsado por el ego que, lejos de conducirnos a la felicidad, a menudo nos arrastra hacia la insatisfacción y la infelicidad. El verdadero progreso, tanto en la vida como en el trading, se alcanza cuando nuestro punto de referencia es interno, cuando la competencia es con nosotros mismos.

La esencia de superarnos en la vida reside en competir contra nuestras propias capacidades y limitaciones. Este enfoque hacia el desarrollo personal, es un arte que se cultiva a través de pequeñas pero significativas victorias diarias, ser un 1% mejor cada día, leer una página más que ayer, realizar una flexión más, dar una muestra de afecto más.

Cada pequeño triunfo nos enseña a valorar nuestro propio camino, a celebrar nuestros logros y a aprender de nuestros errores. Es un viaje de por vida, uno en el que el destino final no es tan importante como el camino en sí. Al adoptar la mentalidad, de que la única persona con la que realmente estamos compitiendo es con nosotros mismos, dejas de perseguir sueños que no son tuyos.

Recuerda que eres el activo más importante que existe. Si pasas horas analizando cualquier grafico, por lo menos regálate unos minutos para analizarte a ti, esta más atento a tus emociones que a los próximos informes económicos y por último, invierte más en ese activo llamado tú. Solo así obtendrás el valioso beneficio de convertirte en tu mejor versión.

Aplicación del décimo mandamiento
"No codiciaras operaciones ajenas"

Llevaré a la práctica el décimo mandamiento comprometiéndome a realizar las siguientes acciones:

- **Seré selectivo con el contenido que consumo:** Evitaré el consumo de contenido que glorifique ganancias excesivas (profit porn), y seré meticuloso al elegir las comunidades a las que me uno, buscando aquellas que aporten valor real.

- **Desarrollaré un estilo único y fortaleceré mi autoconfianza:** Me enfocaré en mis propios resultados y, mediante un diario y registro detallado, optimizaré mis estrategias.

Agradecimientos

Quiero tomar un momento para expresar mi más sincera gratitud hacia la maravillosa comunidad de traders que me rodea, extendida por todo el mundo. A cada uno de ustedes, gracias por hacerme sentir parte de una gran familia global. Sus interacciones, apoyo y ánimo continuo han sido una fuente inagotable de inspiración y motivación para mí.

Gracias a mis queridas Alejandra y Yoselline por su ayuda en las correcciones. Un especial reconocimiento para Samuel, cuyos consejos han sido invaluables en el proceso de refinamiento de este libro. Su agudo ojo para el detalle y sus valiosas sugerencias han enriquecido enormemente este trabajo.

Gracias a todos por acompañarme en esta travesía, por compartir sus experiencias y por ayudarme a crecer. Este libro es tanto suyo como mío, un reflejo de nuestra comunidad de SIEMPREPROFIT y la pasión que compartimos por el trading.

Made in the USA
Columbia, SC
03 March 2025